Impressum
Verlag: BABADADA GmbH, Nedderfeld 112 , 22529 Hamburg
Geschäftsführer / Verlagsleitung: Harald Hof
Druck: Books on Demand GmbH, In de Tarpen 42, 22848 Norderstedt

Imprint
Publisher: BABADADA GmbH, Nedderfeld 112 , 22529 Hamburg, Germany
Managing Director / Publishing direction: Harald Hof
Print: Books on Demand GmbH, In de Tarpen 42, 22848 Norderstedt

okul

shkolla

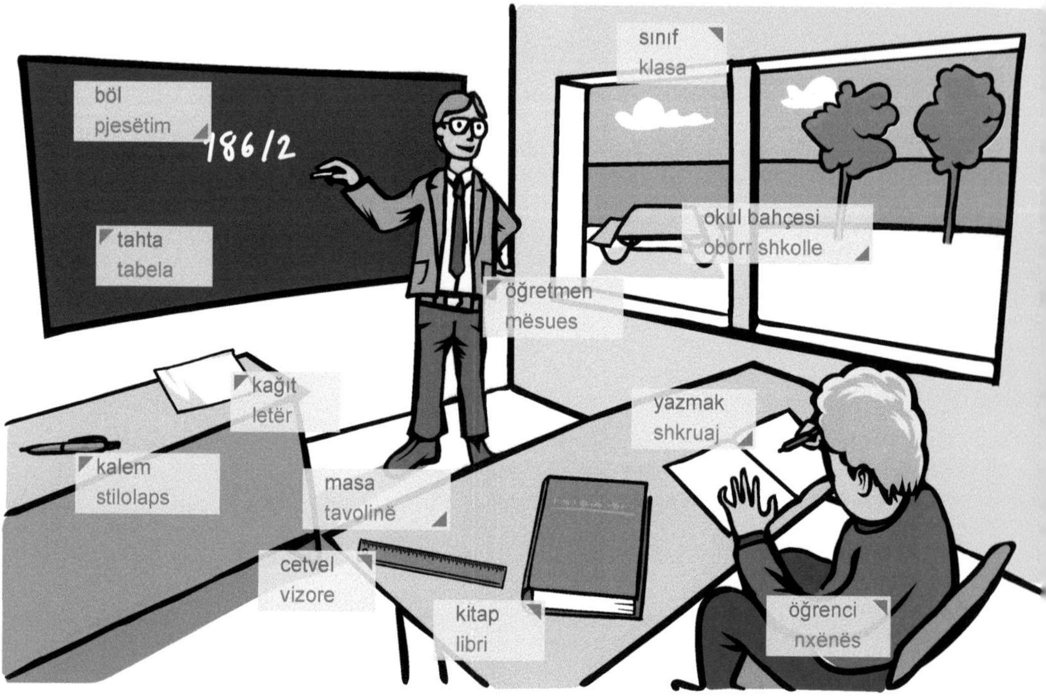

böl
pjesëtim
186/2
sınıf
klasa
tahta
tabela
okul bahçesi
oborr shkolle
öğretmen
mësues
kağıt
letër
yazmak
shkruaj
kalem
stilolaps
masa
tavolinë
cetvel
vizore
kitap
libri
öğrenci
nxënës

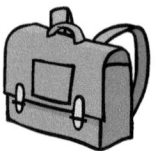

okul çantası

çantë

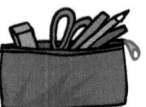

kalemlik

mbajtëse lapsash

kurşun kalem

laps

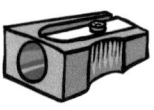

kalem açacağı

mprehës lapsash

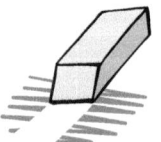

silgi

gomë

çizim defteri

fletore vizatimi

çizim
vizatim

resim fırçası
penel

boya kutusu
kuti bojërash

makas
gërshërë

tutkal
ngjitës

alıştırma kitabı
fletore detyrash

ödev
detyrë shtëpie

12

sayı
numër

2+2

ekle
mbledh

5-2

çıkar
zbres

2×2

çarp
shumëzoj

hesapla
llogaris

A

harf
gërmë

ABCDEFG HIJKLMN OPQRSTU VWXYZ

alfabe
alfabeti

hello

kelime
fjalë

metin

tekst

okumak

lexoj

tebeşir

shkumës

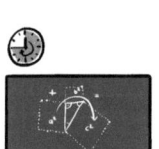

ders

mësim

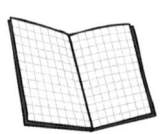

kayıt

regjistër

sınav

provim

sertifika

çertifikatë

okul forması

uniformë shkolle

eğitim

arsimim

ansiklopedi

enciklopedia

üniversite

universitet

mikroskop

mikroskop

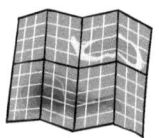

harita

hartë

kağıt çöp kutusu

kosh letrash

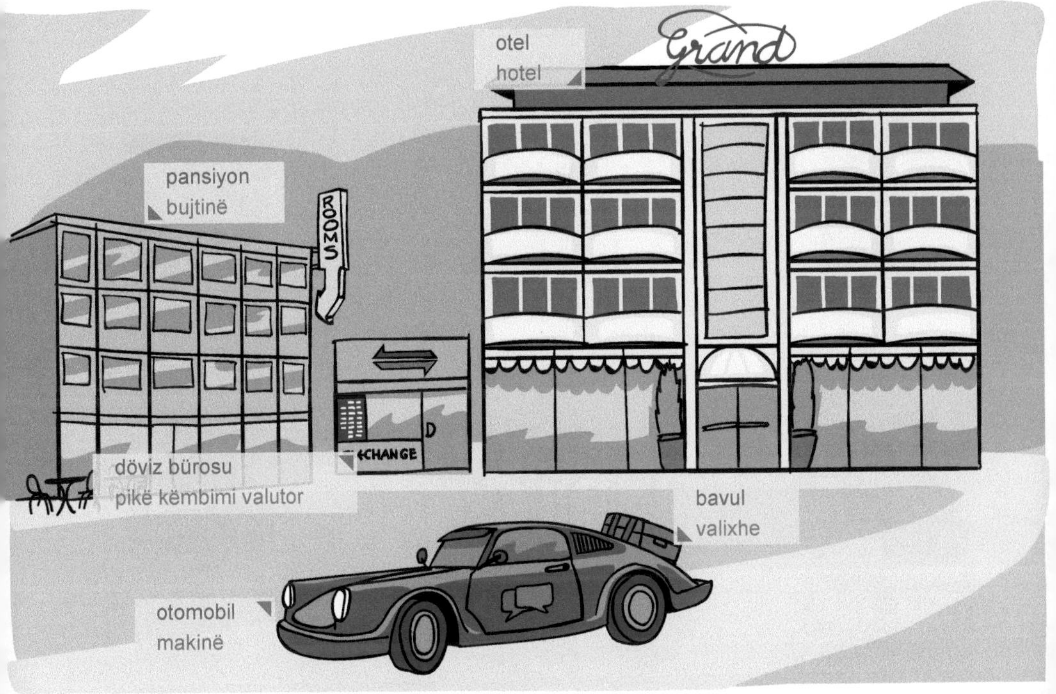

otel
hotel
Grand
pansiyon
bujtinë
ROOMS
döviz bürosu
pikë këmbimi valutor
bavul
valixhe
otomobil
makinë

dil
gjuhë

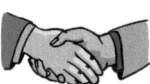

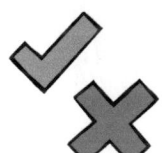

evet / hayır
po / jo

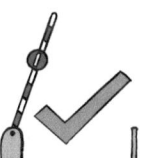

Tamam
Në rregull

merhaba
ç'kemi

çevirmen
përkthyes

Teşekkür ederim
Faleminderit

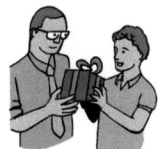

bu ... ne kadar?

sa kushton...?

anlamadım

nuk e kuptoj

problem

problem

İyi akşamlar!

Mirëmbrëma!

Günaydın!

Mirëmëngjes!

İyi geceler!

Natën e mirë!

güle güle

mirupafshim

yön

drejtim

bagaj

bagazhet

çanta

çantë

sırt çantası

çantë shpine

misafir

mysafir

oda

dhomë

uyku tulumu

thes gjumi

çadır

tendë

turist danışma

informacion për turistët

sahil

plazh

kredi kartı

kartë krediti

kahvaltı

mëngjes

öğle yemeği

drekë

akşam yemeği

darkë

Bilet

Biletë

asansör

ashensor

pul

pulla

sınır

kufi

gümrük

doganë

elçilik

ambasadë

vize

vizë

pasaport

pasaportë

ulaşım

transport

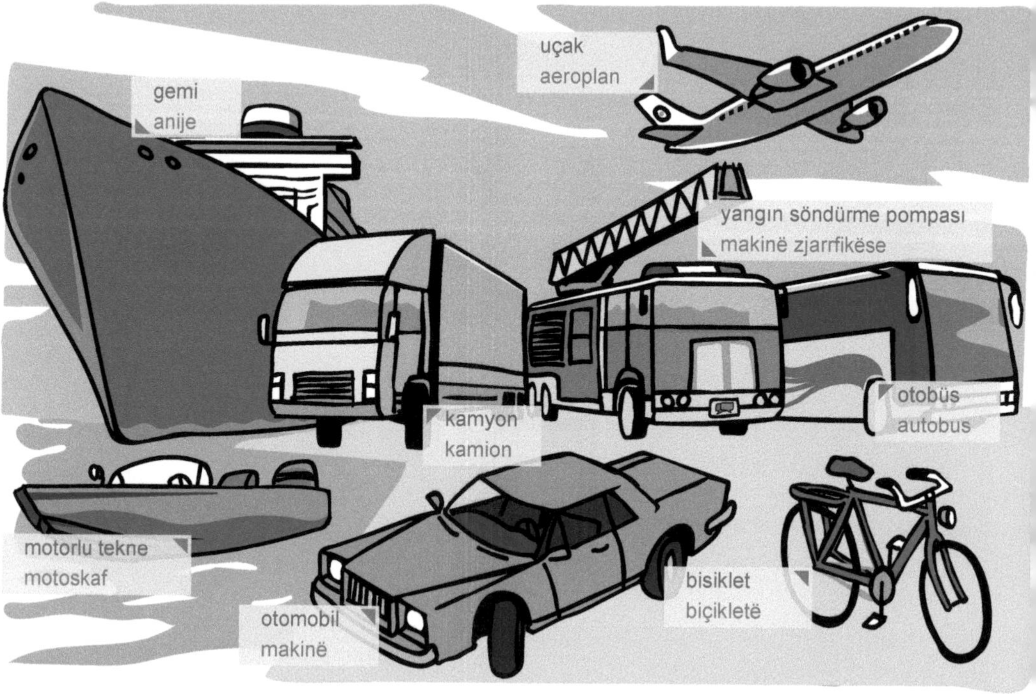

uçak
aeroplan
gemi
anije
yangın söndürme pompası
makinë zjarrfikëse
otobüs
autobus
kamyon
kamion
motorlu tekne
motoskaf
bisiklet
biçikletë
otomobil
makinë

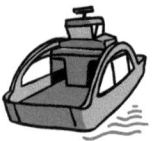

feribot

traget

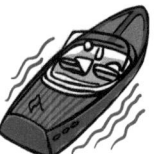

bot

varkë

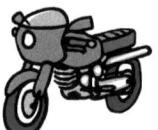

motosiklet

motoçikletë

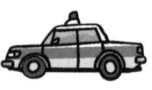

polis arabası

makinë policie

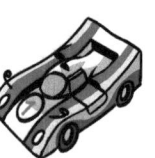

yarış arabası

makinë garash

kiralık araba

makinë me qira

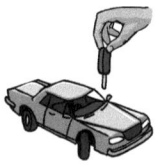

ortak araba

ndarje e qirasë së makinës

çekici

karroatrec

çöp kamyonu

makinë plehrash

motor

motor

yakıt

benzinë

benzinlik

pikë karburanti

trafik işareti

sinjalistikë trafiku

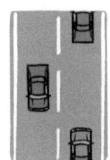

trafik

trafik

trafik sıkışıklığı

bllokim trafiku

otopark

parkim makinash

tren istasyonu

stacion treni

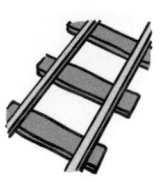

ray

trase

tren

tren

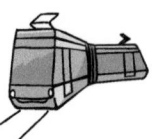

tramvay

tramvaj

vagon

karro

helikopter

helikopter

havaalanı

aeroport

kule

kullë

yolcu

pasagjer

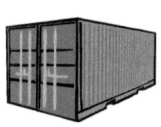

konteyner

kontenier

koli

kuti kartoni

yük arabası

qerre

sepet

shportë

kalkış / iniş

ngrihem / ulem

şehir

qytet

köy

fshat

şehir merkezi

qendra e qytetit

ev

shtëpi

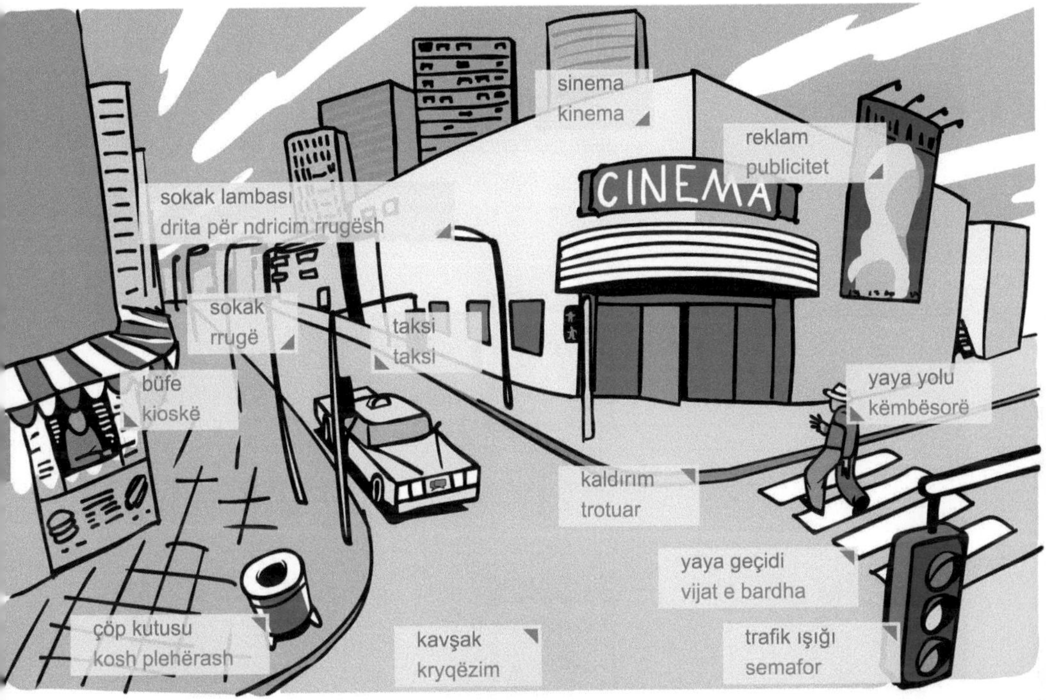

sinema
kinema

reklam
publicitet

sokak lambası
drita për ndricim rrugësh

CINEMA

sokak
rrugë

taksi
taksi

büfe
kioskë

yaya yolu
këmbësorë

kaldırım
trotuar

yaya geçidi
vijat e bardha

çöp kutusu
kosh plehërash

kavşak
kryqëzim

trafik ışığı
semafor

kulübe
kasolle

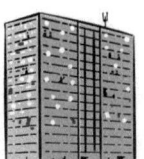

apartman dairesi
apartament

tren istasyonu
stacion treni

belediye binası
bashki

müze
muze

okul
shkolla

şehir - qytet

11

üniversite

universitet

banka

bankë

hastane

spital

otel

hotel

eczane

farmaci

ofis

zyrë

kitapçı

librari

mağaza

dyqan

çiçekçi

dyqan lulesh

süpermarket

supermarket

market

market

büyük mağaza

mapo

balık satıcısı

dyqan peshku

alışveriş merkezi

qëndër tregtare

liman

port

park
park

bank
stol

köprü
urë

merdiven
shkallë

metro
metro

tünel
tunel

otobüs durağı
stacion autobuzi

bar
bar

restoran
restorant

posta kutusu
kuti postare

sokak tabelası
sinjalistikë rrugore

otopark sayacı
kohëmatës parkimi

hayvanat bahçesi
kopsht zoologjik

yüzme havuzu
pishinë

cami
xhami

çiftlik
fermë

kirlilik
ndotje

mezarlık
varrezë

kilise
kishë

oyun alanı
shesh lojërash

tapınak
tempull

arazi

peisazh

yaprak
gjethe

yön tabelası
tabela orientuese

yol
rrugë

çayır
livadh

taş
gurë

yürüyüşçü
ekskursionist

ağaç
pemë

ırmak
lumë

çimen
bar

çiçek
lule

vadi

luginë

tepe

kodër

göl

liqen

orman

pyll

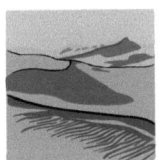

çöl

shkretëtirë

volkan

vullkan

kale

kështjellë

gökkuşağı

ylber

mantar

kepudhë

palmiye

palmë

sivrisinek

mushkonjë

sinek

mizë

karınca

milingonë

arı

bletë

örümcek

merimangë

böcek
brumbull

kurbağa
bretkosë

sincap
ketër

kirpi
iriq

yabani tavşan
lepur

baykuş
buf

kuş
zog

kuğu
mjellmë

yaban domuzu
derr i egër

geyik
dre

geyik
dre brilopatë

baraj
digë

rüzgar türbini
turbinë ere

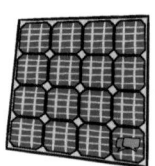

güneş paneli
panel diellor

iklim
klimë

restoran
restorant

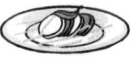

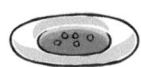

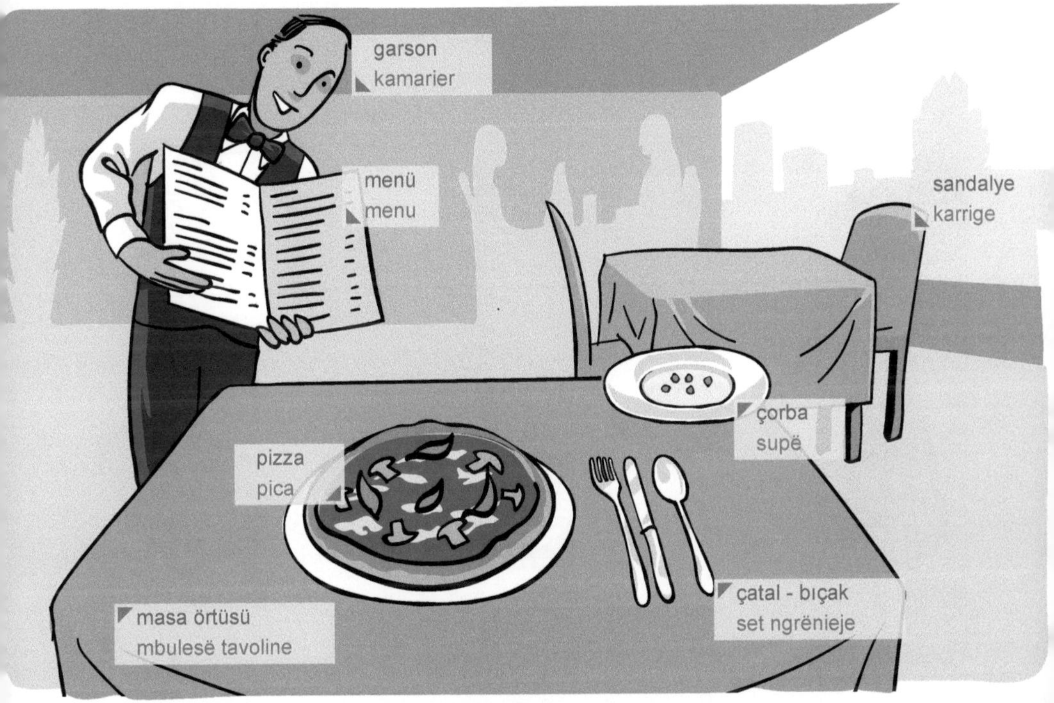
garson
kamarier
menü
menu
sandalye
karrige
çorba
supë
pizza
pica
masa örtüsü
mbulesë tavoline
çatal - bıçak
set ngrënieje

başlangıç

pjatë e parë

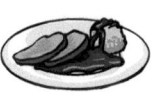

ana yemek

pjatë kryesore

tatlı

ëmbëlsirë

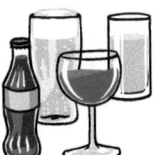

içecekler

pije

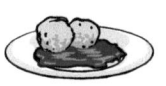

yemek

ushqim

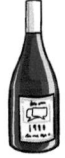

şişe

shishe

fastfood

ushqim i shpejtë

sokak yemeği

ushqim i shërbyer në rrugë

çaydanlık

ibrik çaji

şekerlik

kuti sheqeri

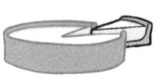

porsiyon

racion

espresso makinesi

makinë kafeje ekspres

mama sandalyesi

karrige e lartë

fatura

faturë

tepsi

tabaka

bıçak

thika

çatal

pirun

kaşık

lugë

çay kaşığı

lugë çaji

servis peçetesi

pecetë

bardak

gotë

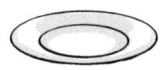

tabak

pjatë

çorba kasesi

pjatë supe

fincan altlığı

pjatë filxhani

sos

salcë

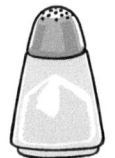

tuzluk

mbajtëse kripe

karabiber değirmeni

mulli piperi

sirke

uthull

yağ

vaj

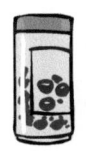

baharat

erëza

ketçap

keçap

hardal

mustardë

mayonez

majonezë

süpermarket
supermarket

özel teklif
ofertë speciale
FOR
müşteri
klient
süt ürünleri
produkte bulmeti
meyve
frut
alışveriş arabası
karrocë pazari

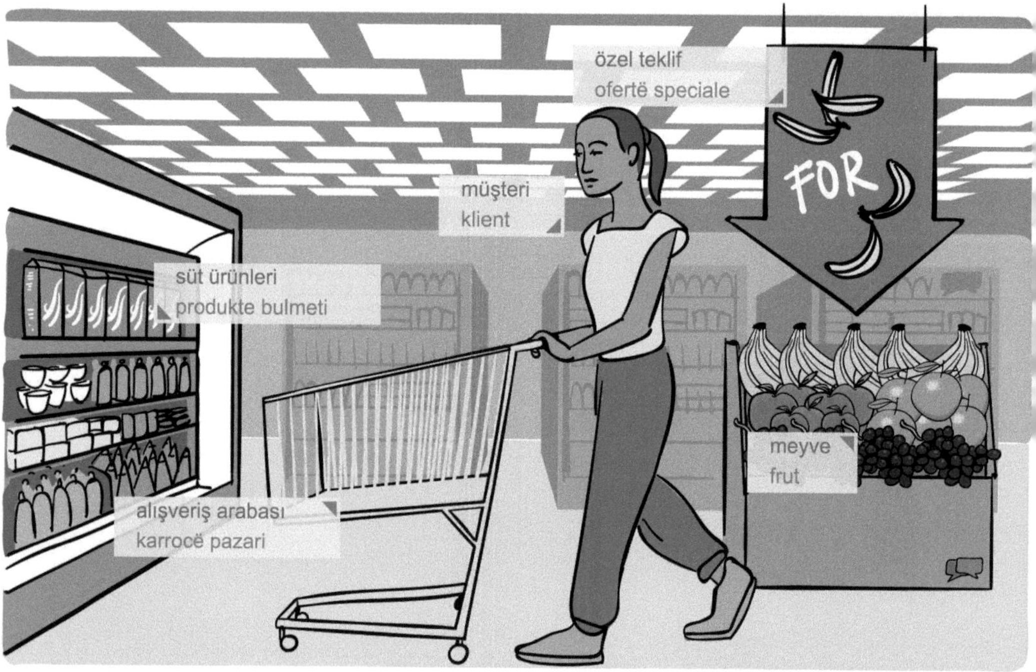

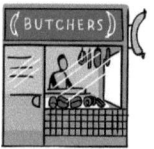

BUTCHERS

kasap

dyqan mishi

BAKERY

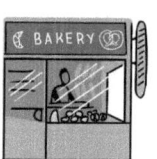

fırın

furrë buke

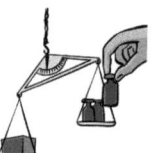

tartmak

peshoj

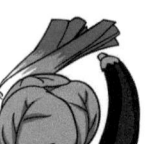

sebze

perime

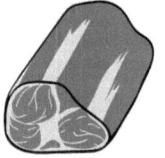

et

mish

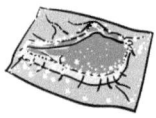

donmuş gıda

ushqim i ngrirë

söğüş et
copë

konserve yiyecek
ushqim i konservuar

toz deterjan
pluhur larës

şekerlemeler
ëmbëlsirat

ev temizlik ürünleri
prodhime shtëpie

temizlik ürünleri
produkte pastrimi

satış görevlisi
shitëse

yazar kasa
kasë fiskale

kasiyer
arkëtar

alışveriş listesi
listë blerjeje

açılış saatleri
oraret e punës

cüzdan
portofol

kredi kartı
kartë krediti

çanta
çantë

plastik poşet
qese plastike

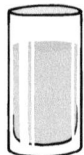

su

ujë

meyve suyu

lëng frutash

süt

qumësht

kola

koka-kola

şarap

verë

bira

birrë

alkol

alkool

kakao

kakao

çay

çaj

kahve

kafe

espresso

kafe ekspres

kapuçino

kapuçino

muz

banane

elma

mollë

portakal

portokalle

kavun

pjepër

limon

limon

havuç

karrotë

sarımsak

hudhër

bambu

bambu

soğan

qepë

mantar

kërpudha

çerez

arra

makarna

makarona

spagetti

spageti

pirinç

oriz

salata

sallatë

cips

patate të skuqura

patates kızartması

patate të skuqura

pizza

pica

hamburger

hamburger

sandviç

sanduiç

şinitzel

shnicel

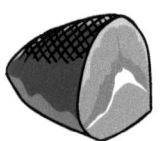

pastırma

proshutë

salam

sallam

sosis

salçiçe

tavuk

pulë

rosto

skuq

balık

peshk

yulaf ezmesi

tërshërë

müsli

drithëra

mısır gevreği

kornfleiks

un

miell

kruvasan

kruasant

küçük ekmek

panine

ekmek

bukë

tost

tost

bisküvi

biskotë

tereyağı

gjalp

kaymak

gjizë

kek

tortë

yumurta

vezë

sahanda yumurta

vezë sy

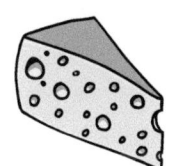

peynir

djathë

dondurma

akullore

şeker

sheqer

bal

mjaltë

reçel

marmaladë

fındık ezmesi

çokokrem

köri

këri

26

çiftlik
fermë

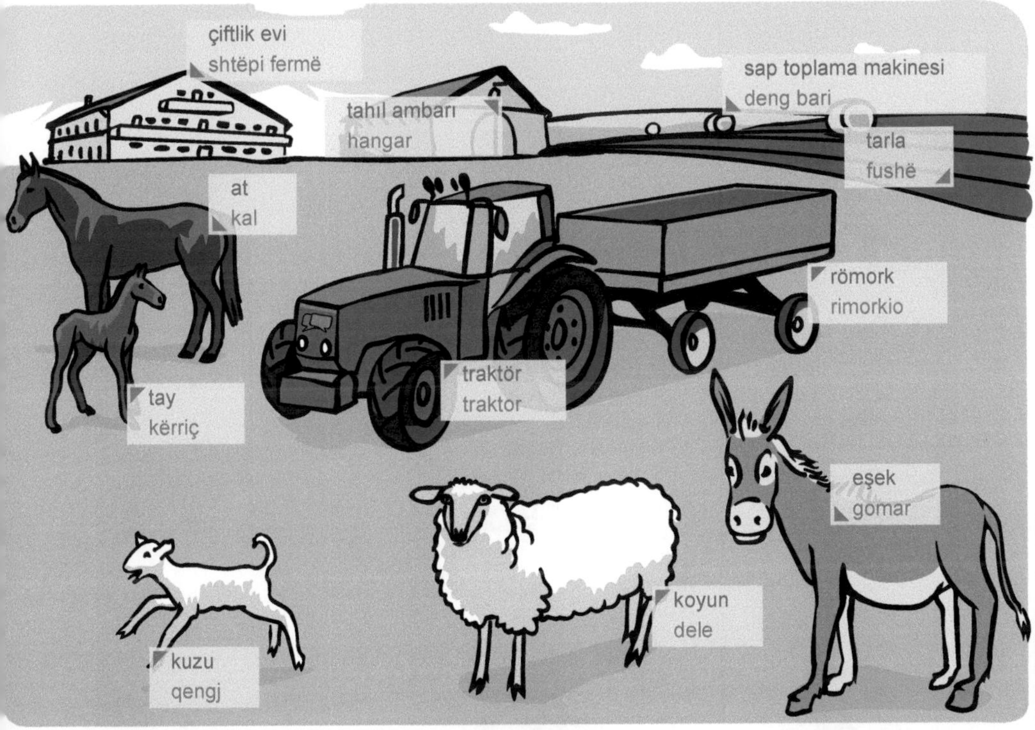

çiftlik evi
shtëpi fermë
tahıl ambarı
hangar
sap toplama makinesi
deng bari
tarla
fushë
at
kal
römork
rimorkio
traktör
traktor
tay
kërriç
eşek
gomar
koyun
dele
kuzu
qengj

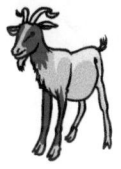

keçi

dhi

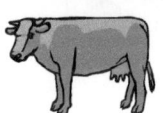

inek

lopë

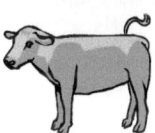

buzağı

viç

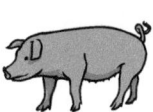

domuz

derr

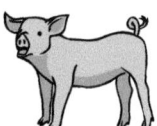

domuz yavrusu

derrkuc

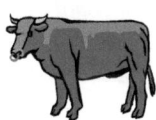

boğa

dem

kaz
patë

ördek
rosë

civciv
zog pule

tavuk
pulë

horoz
gjel

sıçan
mi

kedi
mace

fare
mi

öküz
buall

köpek
qen

köpek kulübesi
kolibe qeni

bahçe hortumu
zorrë vaditëse

sulama kabı
vaditëse

tırpan
kosë

pulluk
plug

orak

drapër

çapa

shat

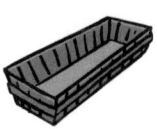

dirgen

kosa

balta

sëpatë

el arabası

karrocë

yemlik

govatë

süt kovası

bidon qumështi

çuval

thes

çit

gardh

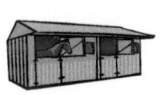

ahır

ahur

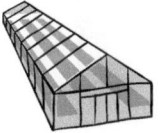

sera

serë

toprak

dhe

tohum

farë

gübre

pleh

biçerdöver

autokombanjë

çiftlik - fermë

hasat etmek

korr

harman

te korrat

tatlı patates

patate e ëmbël "Yam"

buğday

grurë

soya

soja

patates

patate

mısır

misër

kolza

raps

meyve ağacı

pemë frutore

manyok

zhardhok manioku

hububat

drithëra

ev
shtëpi

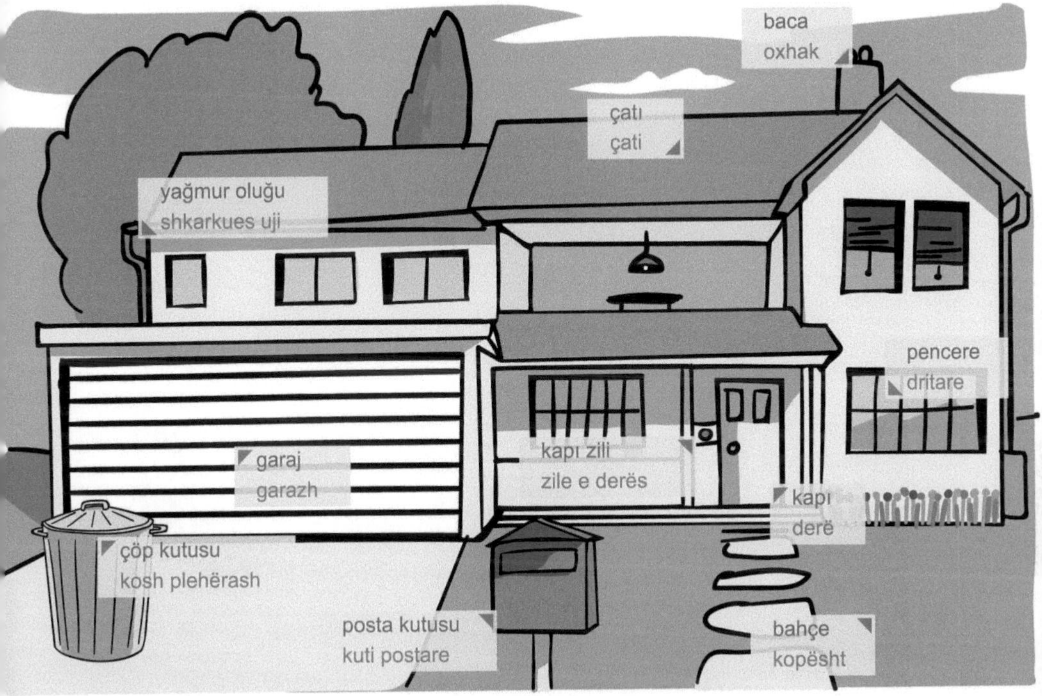

baca
oxhak
çatı
çati
yağmur oluğu
shkarkues uji
pencere
dritare
garaj
garazh
kapı zili
zile e derës
kapı
derë
çöp kutusu
kosh plehërash
posta kutusu
kuti postare
bahçe
kopësht

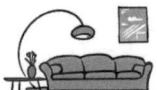

oturma odası

dhomë ndenjeje

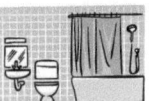

banyo

tualet

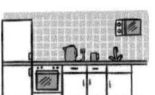

mutfak

kuzhinë

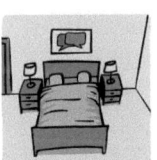

yatak odası

dhomë gjumi

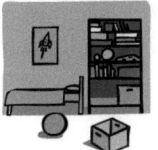

çocuk odası

dhomë fëmijësh

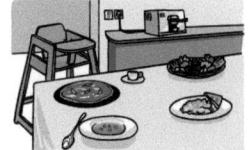

yemek odası

dhomë ngrënieje

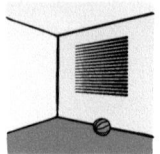

zemin
dysheme

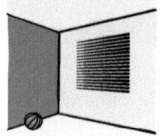

duvar
mur

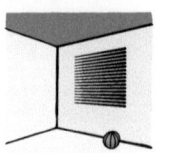

tavan
tavan

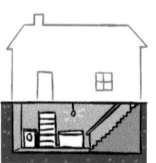

kiler
bodrum

sauna
sauna

balkon
ballkon

teras
tarracë

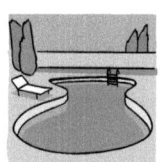

havuz
pishinë

çim biçme makinesi
kositëse bari

çarşaf
çarçaf

yatak örtüsü
kuvertë

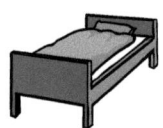

yatak
krevat

süpürge
fshesë dore

kova
kovë

anahtar
çelës

oturma odası
dhomë ndenjeje

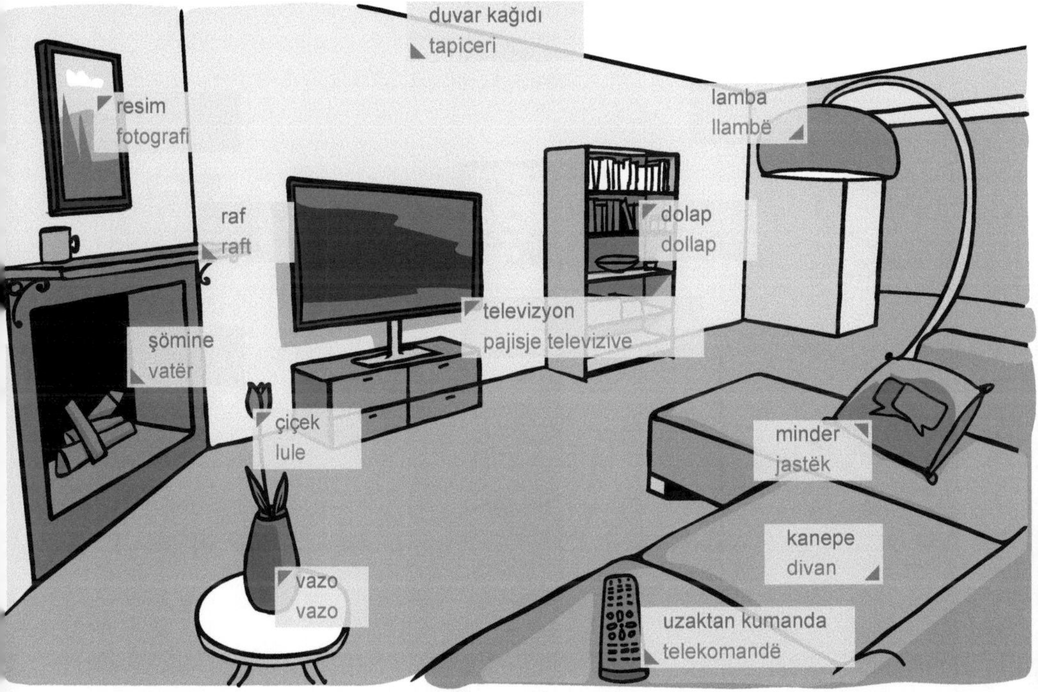
duvar kağıdı
tapiceri
resim
fotografi
lamba
llambë
raf
raft
dolap
dollap
televizyon
pajisje televizive
şömine
vatër
çiçek
lule
minder
jastëk
kanepe
divan
vazo
vazo
uzaktan kumanda
telekomandë

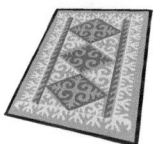

halı

qilim

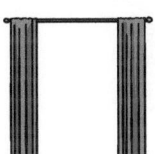

perde

perde

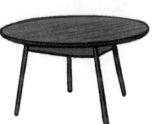

masa

tavolinë

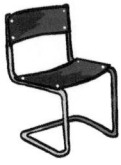

sandalye

karrige

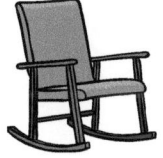

salıncaklı koltuk

karrige lëkundëse

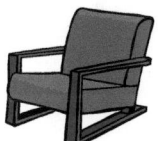

koltuk

kolltuk

kitap
libri

battaniye
batanije

dekor
zbukurime

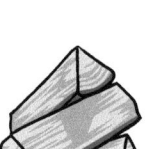

odun
dru zjarri

film
film

hi-fi
stereo

anahtar
çelës

gazete
gazetë

tablo
pikturë

poster
afishe

radyo
radio

defter
bllok shënimesh

elektrikli süpürge
fshesë me korent

kaktüs
kaktus

mum
qiri

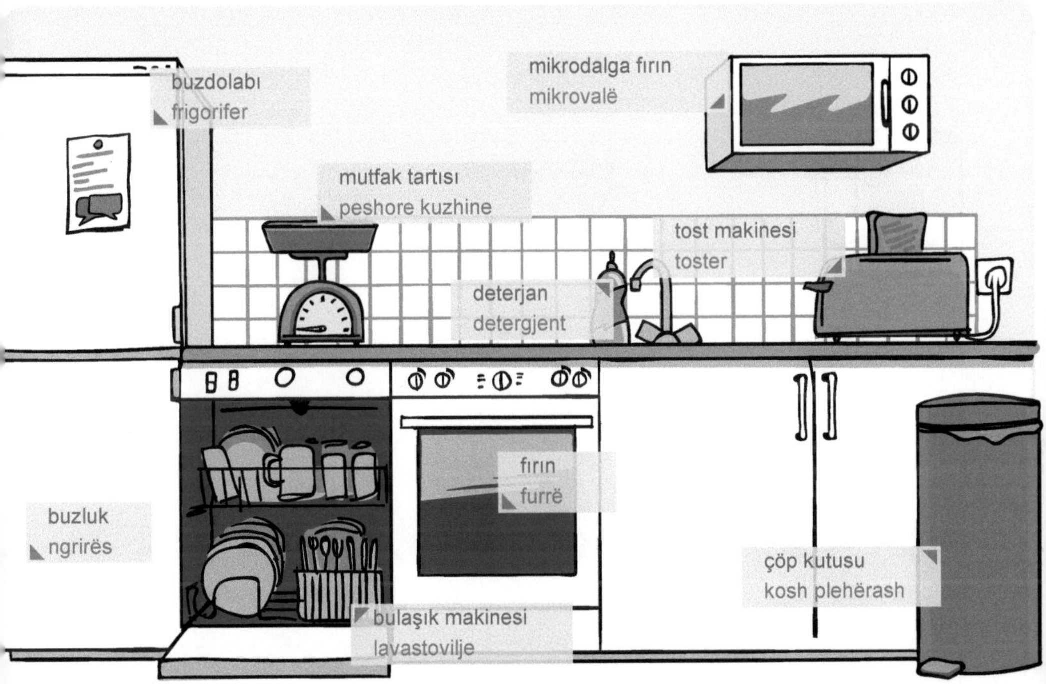

buzdolabı
frigorifer

mikrodalga fırın
mikrovalë

mutfak tartısı
peshore kuzhine

tost makinesi
toster

deterjan
detergjent

fırın
furrë

buzluk
ngrirës

çöp kutusu
kosh plehërash

bulaşık makinesi
lavastovilje

ocak
....
sobë

tencere
....
tenxhere

döküm tencere
....
tenxhere me kapak

wok
....
tigan special (Wok)

tava
....
tigan

su ısıtıcı
....
çajnik

buharlı pişirici

tenxhere me avull

pişirme tepsisi

tavë pjekjeje

tabak takımı

enë

kupa

filxhan

kase

tas

çubuk (çin yemeği)

shkopinj

kepçe

garuzhde

spatula

spatul

çırpma teli

tel kuzhine

süzgeç

kulluese

elek

sitë

rende

rende

havan

havan

barbekü

skarë

açık ateş

zjarr

kesme tahtası

dërrasë për prerje

merdane

okllai

tirbüşon

heqëse tapash

konserve kutusu

kanaçe

konserve açacağı

hapëse kanaçeje

fırın eldiveni

rrobë për të kapur
tenxheren

evye

lavaman

fırça

furçë

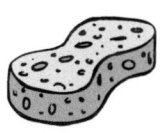

sünger

sfungjer

blender

përzjerës

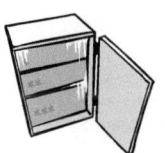

derin dondurucu

ngrirës

biberon

biberon për lëngje

musluk

rubinet

banyo
tualet

ısıtma
ngrohje
havlu
peshqirë
duş
dush
duş perdesi
perde dushi
köpük banyosu
vaskë me shkumë
küvet
vaskë
bardak
gotë
çamaşır makinesi
lavatriçe
musluk
rubinet
fayans
pllaka
lazımlık
oturak
evye
lavaman

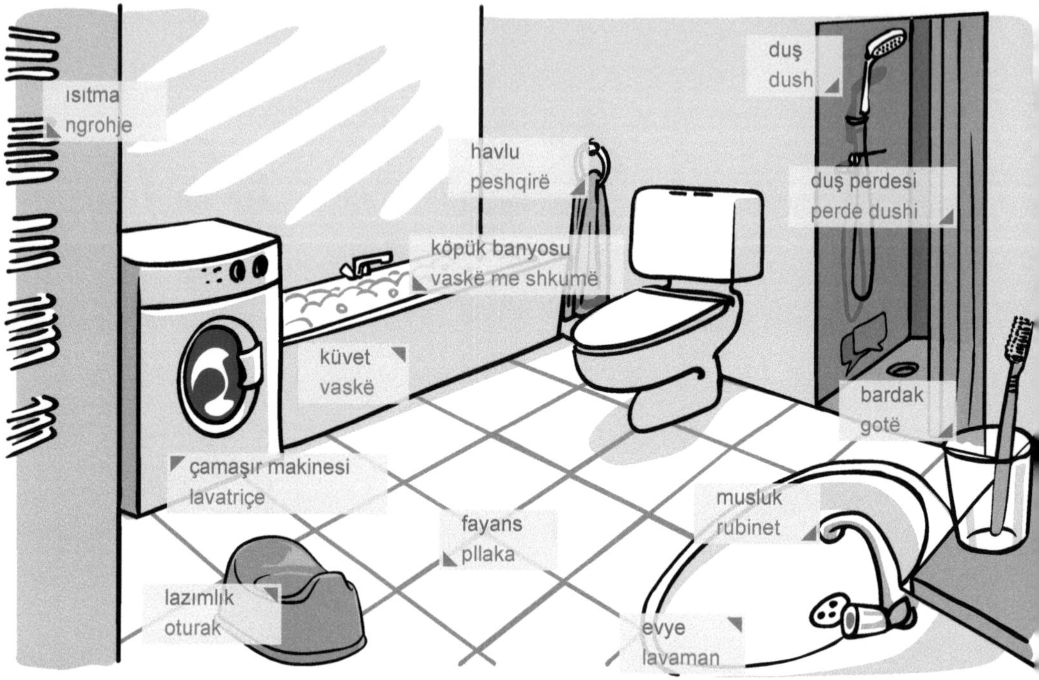

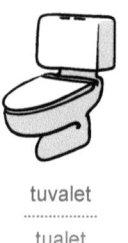

tuvalet

tualet

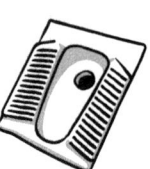

alaturka tuvalet

WC e sheshtë

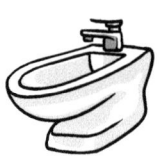

bide

bide

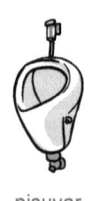

pisuvar

tualet publik

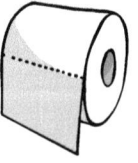

tuvalet kağıdı

letër higjienike

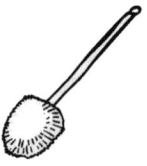

tuvalet fırçası

furçe për WC

diş fırçası

furçë dhëmbësh

diş macunu

pastë dhëmbësh

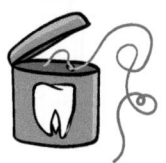

diş ipi

fije dentare

yıkamak

laj

duş başlığı

dorezë dushi

duş başlığı şeklinde taharet musluğu

larës për zonën intime

küvet

legen

banyo fırçası

furçë për masazh shpine

sabun

sapun

duş jeli

shampo trupi

şampuan

shampo

banyo lifi

leckë pastruese

gider

kullues

krem

krem

deodorant

antidjersë

banyo - tualet

ayna
pasqyrë

el aynası
pasqyrë dore

jilet
brisk rroje

tıraş köpüğü
shkumë rroje

tıraş losyonu
locion pas rrojes

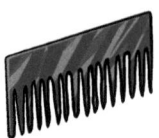

tarak
krehër

fırça
furçë

saç kurutma makinesi
tharëse flokësh

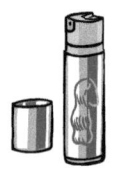

saç spreyi
llak për flokët

makyaj
grim

ruj
buzëkuq

tırnak cilası
manikyr

pamuk
mbushje pambuku

tırnak makası
gërshërë për thonj

parfüm
parfum

makyaj çantası

çantë për sendet personale

tabure

Stol

tartı

peshore

bornoz

robëdëshambër

lastik eldiven

dorashka gome

tampon

tampon

kadın pedi

peceta higjienike

kimyevi tuvalet

tualet I lëvizshëm

çocuk odası

dhomë fëmijësh

çalar saat
orë me zile
peluş oyuncak
lodra me pellushë
oyuncak araba
makinë lodër
çıngırak
rraketake
bebek evi
shtëpi kukullash
hediye
dhuratë

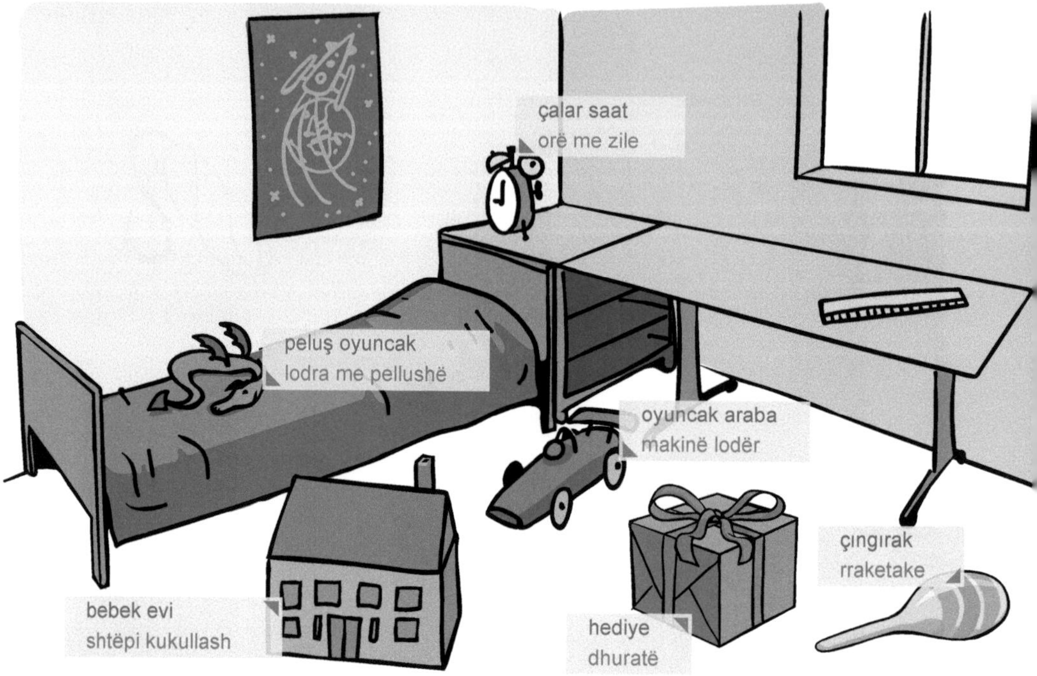

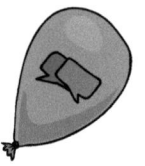

balon

tollumbace

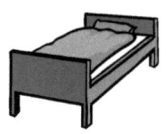

yatak

krevat

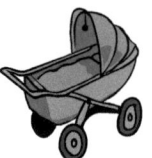

bebek arabası

karrocë fëmijësh

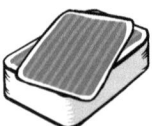

kart destesi

lojë me letra

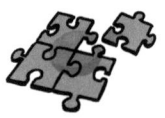

yapboz

bashkim pjesësh me figura

çizgi roman

komik

lego tuğlaları

formuese lodër

lego blokları

kuba plastikë

aksiyon figürü

lodra

zıbın

badi

frizbi

frizbi

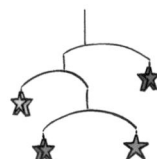

dönence

lodra të varura tek krevati i
fëmijëve

masa oyunu

tavolinë lojërash

zar

zare

model tren seti

model treni

emzik

biberon

parti

festë

resimli kitap

libër me ilustrime

top

top

oyuncak bebek

kukull

oynamak

luaj

kum havuzu

grumbull rëre

salıncak

kolovarëse

oyuncaklar

lodra

video oyun konsolu

leva për lojra video

üç tekerlekli bisiklet

triçikël

oyuncak ayı

arush prej pellushi

gardırop

garderobë

kıyafet

veshje

çorap

çorape

külotlu çorap

çorape të gjata

tayt

geta

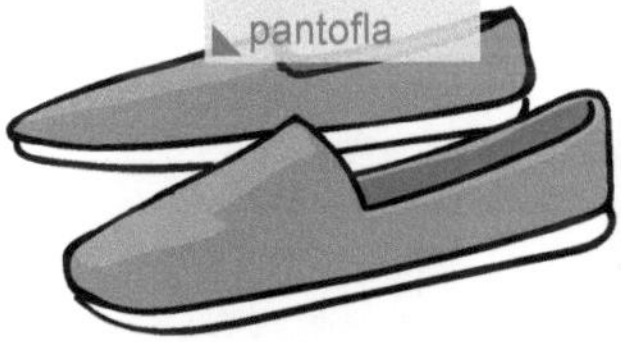

eşarp
shall

şemsiye
çadër

tişört
bluzë pa jakë

kemer
rrip

bot
çizme

terlik
pantofla

spor ayakkabı
atlete

sandalet
sandale

ayakkabı
këpucë

lastik çizme
çizme llastiku

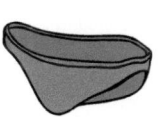

külot
të mbathura

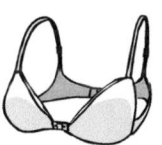

sütyen
reçipeta

yelek
kanotierë

dar bluz

trup

pantolon

pantallona

kot pantolon

xhinse

etek

fund

bluz

bluzë

gömlek

këmishë

kazak

pulovër

süveter

triko

blazer

xhaketë

ceket

xhaketë

mont

pallto

yağmurluk

mushama shiu

kostüm

kostum

elbise

fustan

gelinlik

fustan nusërie

takım elbise

kostum

gecelik

këmishë nate

pijama

pizhama

sari

sari (veshje tradicionale indiane)

baş örtüsü

shami koke

türban

çallmë

burka

veshje për femrat e besimit musliman

kaftan

kaftan (lloj veshjeje tradicionale)

çarşaf

ferexhe

mayo

kostum banje

erkek mayosu

rroba banje

şort

pantallona të shkurtra

eşofman

tuta sporti

önlük

përparëse

eldiven

dorashka

düğme

kopsë

gözlük

syze

bilezik

byzylyk

kolye

gjerdan

yüzük

unazë

küpe

vath

kep

kapuç

portmanto

varëse për pallto

şapka

kapele

kravat

kravatë

fermuar

zinxhir

kask

helmetë

pantolon askısı

tiranda

okul forması

uniformë shkolle

üniforma

uniformë

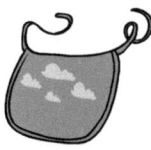

mama önlüğü

gushore

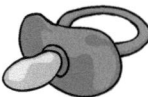

emzik

biberon

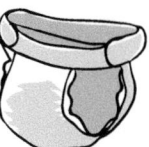

bebek bezi

pelenë

ofis

zyrë

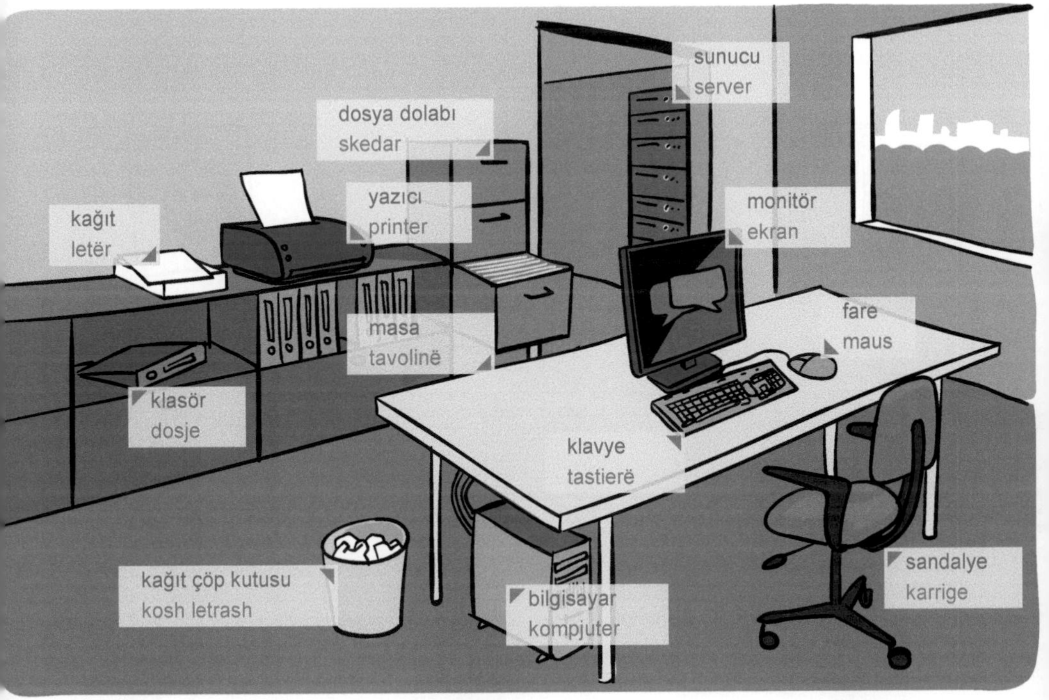
sunucu
server
dosya dolabı
skedar
yazıcı
printer
kağıt
letër
monitör
ekran
masa
tavolinë
fare
maus
klasör
dosje
klavye
tastierë
kağıt çöp kutusu
kosh letrash
bilgisayar
kompjuter
sandalye
karrige

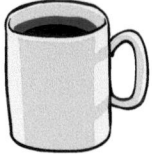

kahve fincanı

filxhan kafeje

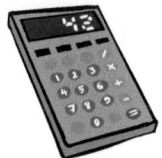

hesap makinesi

makinë llogaritëse

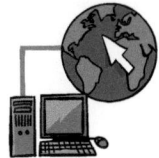

internet

internet

dizüstü

kompjuter portativ

mektup

letër

mesaj

mesazh

cep telefonu

telefon

ağ

rrjet

fotokopi makinesi

fotokopje

yazılım

program

telefon

telefon

priz

prizë

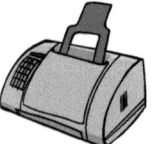

faks makinesi

pajisje faksi

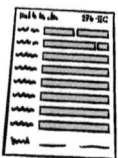

form

formular

belge

dokument

satın almak

blej

ödemek

paguaj

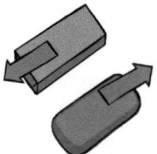

ticaret yapmak

tregtoj

para

para

dolar

dollar

avro

euro

yen

jen

ruble

rubla

İsviçre frangı

franga zvicerane

Çin yuanı

juani kinez

rupi

rupje

kasa

bankomat

döviz bürosu

pikë këmbimi valutor

altın

ar

gümüş

argjend

petrol

nafta

enerji

energji

fiyat

çmim

kontrat

kontratë

vergi

taksë

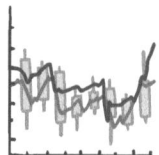

menkul değer

aksione

çalışmak

punoj

işveren

punonjës

işçi

punëdhënës

fabrika

fabrikë

mağaza

dyqan

ekonomi - ekonomi

meslekler
profesionet

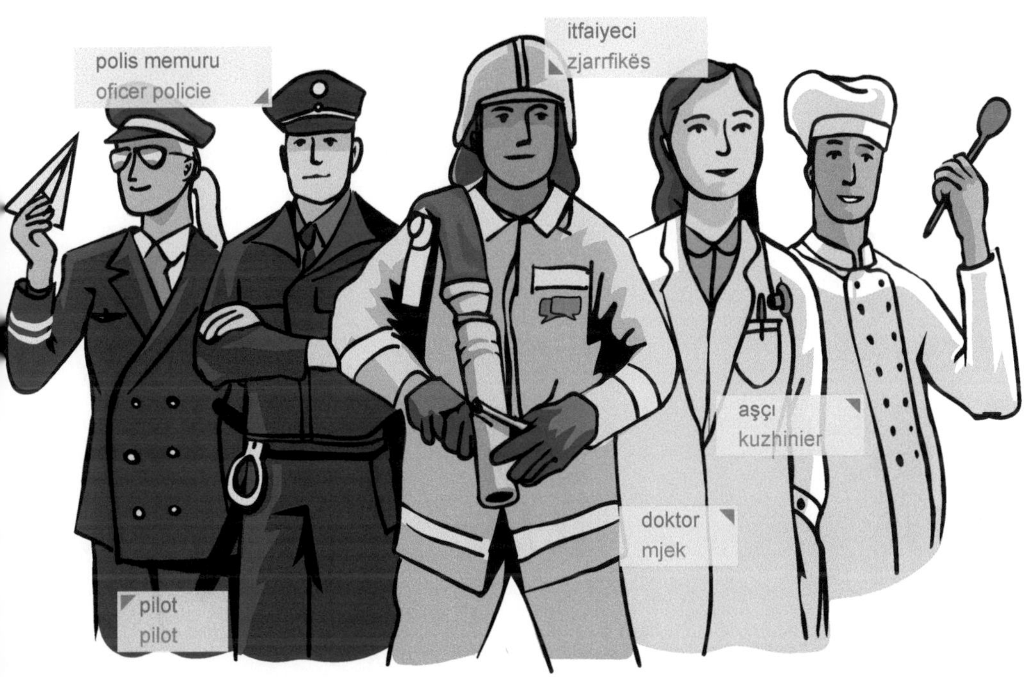
polis memuru
oficer policie
itfaiyeci
zjarrfikës
aşçı
kuzhinier
doktor
mjek
pilot
pilot

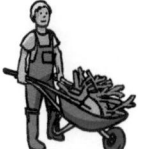

bahçıvan

kopshtar

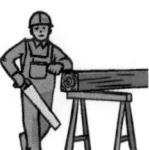

marangoz

marangoz

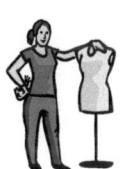

terzi

rrobaqepëse

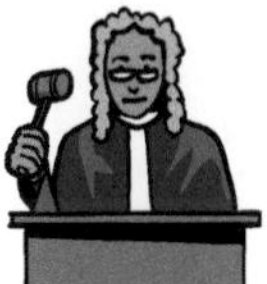

hakim

gjykatës

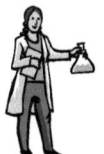

kimyager

kimist

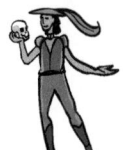

aktör

aktor

otobüs şoförü

shofer autobuzi

taksi şoförü

taksist

balıkçı

peshkatar

temizlikçi

pastruese

çatı ustası

riparues çatish

garson

kamarier

avcı

gjuetar

boyacı

piktor

fırıncı

furrxhi

elektrikçi

elektriçist

inşaatçı

ndërtues

mühendis

inxhinier

kasap

kasap

muslukçu

hidraulik

postacı

postieri

asker

ushtar

mimar

arkitekt

kasiyer

arkëtar

çiçekçi

luleshitës

kuaför

berber

kondüktör

kontrollor

tamirci

mekanik

kaptan

kapiten

dişçi

dentist

bilim insanı

shkencëtar

haham

rabin

imam

imam

keşiş

murg

rahip

klerik

aletler
mjete

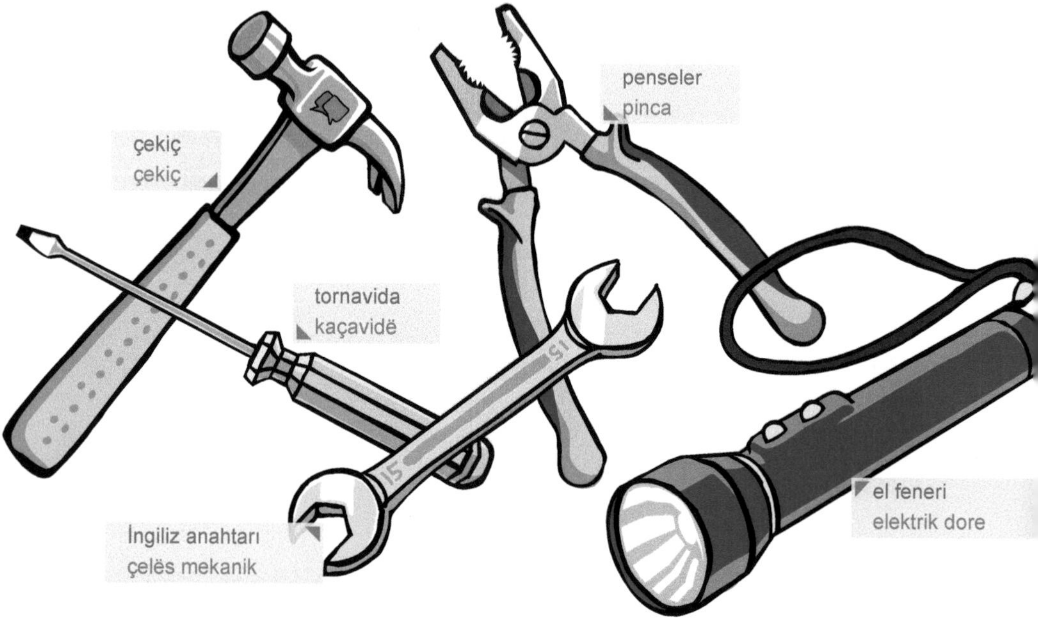

penseler
pinca
çekiç
çekiç
tornavida
kaçavidë
el feneri
elektrik dore
İngiliz anahtarı
çelës mekanik

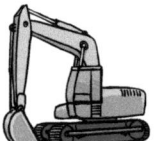

kazı makinesi

ekskavator

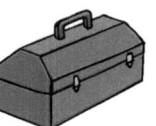

alet çantası

kuti veglash

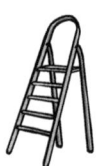

merdiven

shkallë

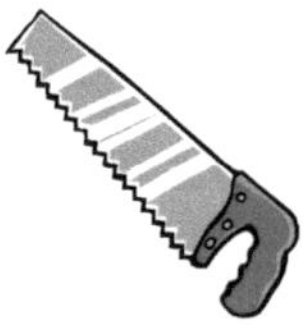

testere

sharrë

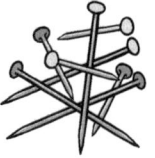

çiviler

gozhdë

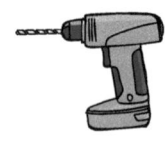

matkap

trapan

tamir etmek

riparoj

kürek

lopatë

Kahretsin!

Dreq!

faraş

kaci

boya tenekesi

kuti boje

vidalar

vidhë

müzik enstrümanı
instrumenta muzikorë

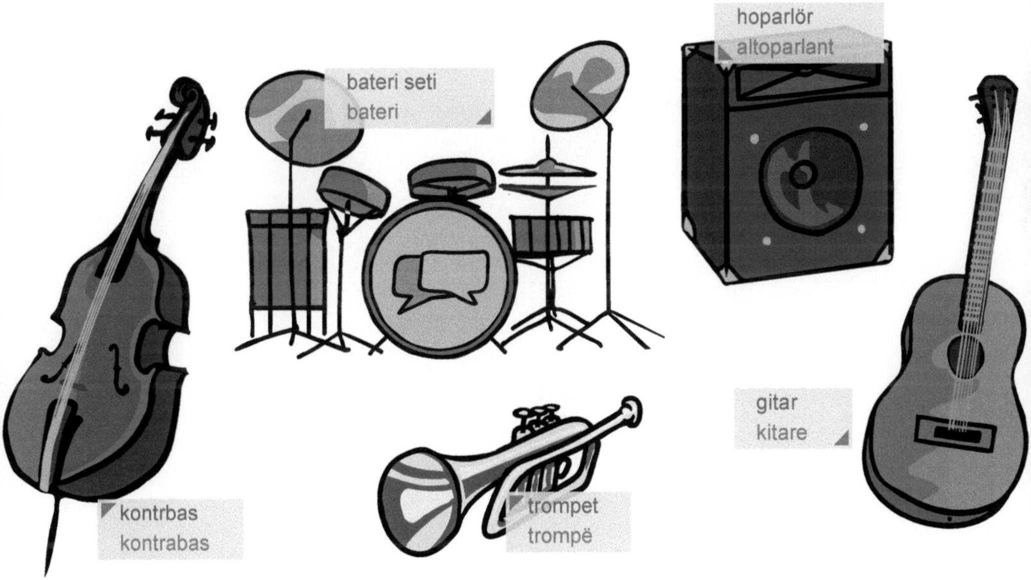

bateri seti
bateri

hoparlör
altoparlant

kontrbas
kontrabas

trompet
trompë

gitar
kitare

piyano

piano

keman

violinë

basgitar

bas

timpani

tamburë

bateri

daulle

klavye

tastierë pianoje

saksafon

saksofon

flüt

flaut

mikrofon

mikrofon

müzik enstrümanı - instrumenta muzikorë

hayvanat bahçesi
kopsht zoologjik

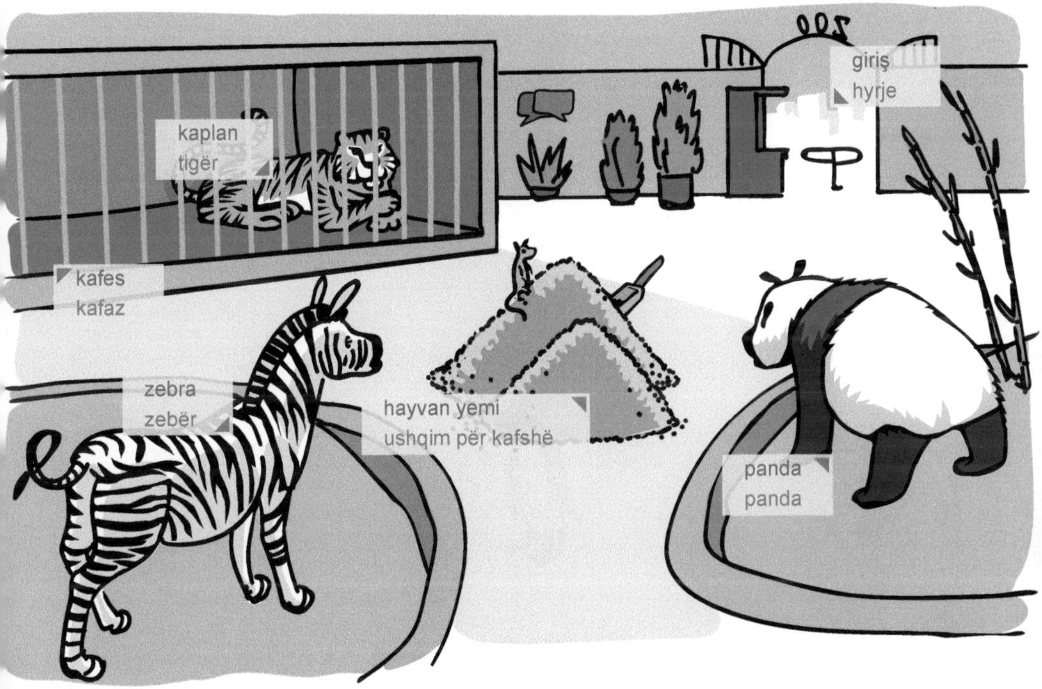
giriş
hyrje
kaplan
tigër
kafes
kafaz
zebra
zebër
hayvan yemi
ushqim për kafshë
panda
panda

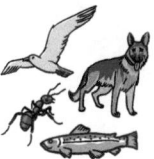

hayvanlar

kafshë

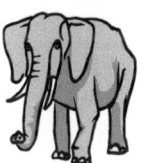

fil

elefant

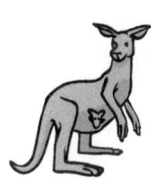

kanguru

kangur

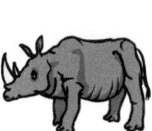

gergedan

rinoceront

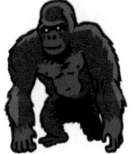

goril

gorillë

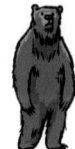

ayı

ari

deve

deve

deve kuşu

struc

aslan

luan

maymun

majmun

flamingo

flamingo

papağan

papagall

kutup ayısı

ari polar

penguen

pinguin

köpek balığı

peshkaqen

tavus kuşu

pallua

yılan

gjarpër

timsah

krokodil

hayvanat bahçesi görevlisi

punonjës i kopshtit zoologjik

fok

fokë

jaguar

xhaguar

midilli atı

poni

leopar

leopard

su aygırı

hipopotam

zürafa

gjirafë

kartal

shqiponjë

yaban domuzu

derr i egër

balık

peshk

kaplumbağa

breshkë

mors

lopë deti

tilki

dhelpër

ceylan

gazelë

amerikan futbolu
futboll amerikan

bisiklete binme
çiklizëm

tenis
tenis

basketbol
basketboll

yüzme
not

boks
boks

buz hokeyi
hokej mbi akull

futbol	badminton	atletizm
futboll	badminton	atletikë

hentbol	kayak	polo
hendboll	ski	polo

etkinlikler
aktivitet

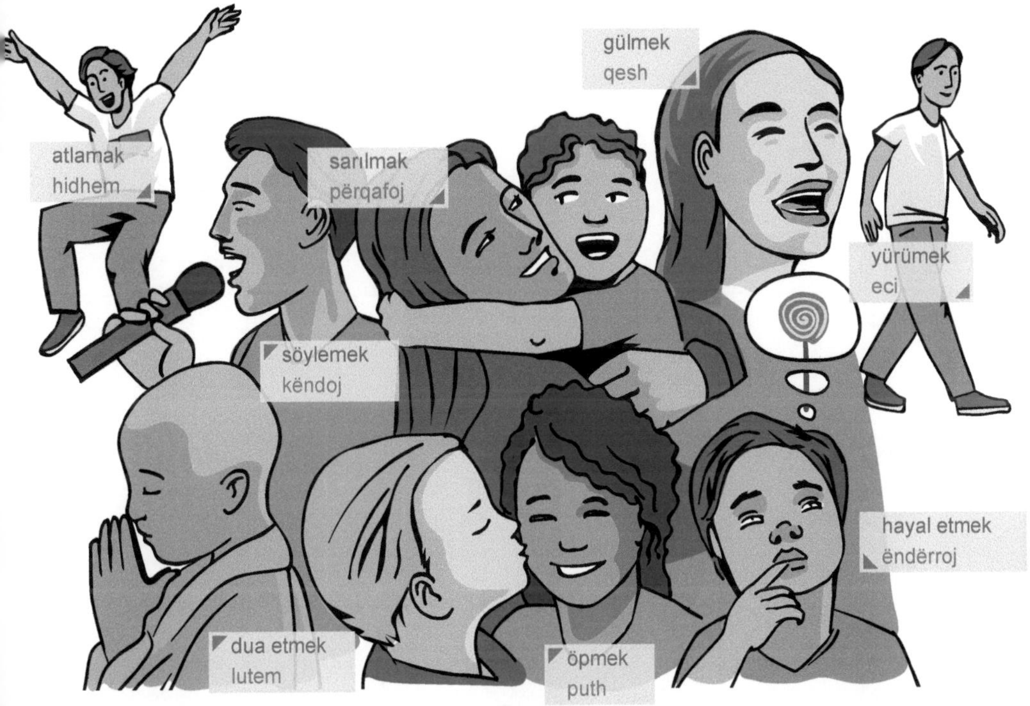

atlamak
hidhem
sarılmak
përqafoj
gülmek
qesh
yürümek
eci
söylemek
këndoj
hayal etmek
ëndërroj
dua etmek
lutem
öpmek
puth

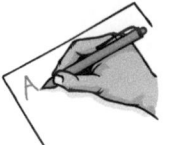

yazmak

shkruaj

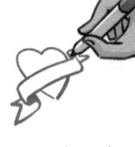

çizmek

vizatoj

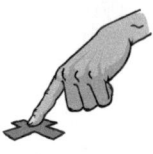

göstermek

tregoj

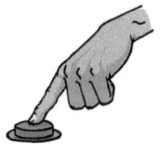

itmek

shtyj

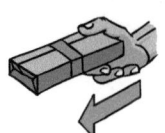

vermek

jap

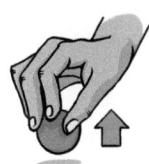

almak

marr

sahip olmak

kam

yapmak

bëj

olmak

jam

ayakta durmak

qëndroj

koşmak

vrapoj

çekmek

tërheq

atmak

hedh

düşmek

bie

yalan söylemek

shtrihem

beklemek

pres

taşımak

mbaj

oturmak

ulem

giyinmek

vishem

uyumak

fle

uyanmak

zgjohem

bakmak

shikoj

ağlamak

qaj

vurmak

përkëdhel

taramak

kreh

konuşmak

bisedoj

anlamak

kuptoj

sormak

kërkoj

dinlemek

dëgjoj

içmek

pi

yemek

ha

düzenlemek

sistemoj

sevmek

dashuroj

pişirmek

gatuaj

sürmek

drejtoj makinën

uçmak

fluturoj

denize açılmak

lundroj

hesapla

llogaris

okumak

lexoj

öğrenmek

mësoj

çalışmak

punoj

evlenmek

martohem

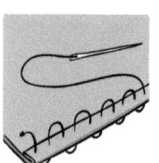

dikmek

qep

diş fırçalamak

laj dhëmbët

öldürmek

vras

sigara içmek

tymos

yollamak

dërgoj

büyükanne
gjyshe

büyükbaba
gjysh

baba
baba

anne
nënë

bebek
bebe

kız
vajzë

oğul
djalë

misafir

mysafir

teyze

teze, hallë

amca

dajë, xhaxha

erkek kardeş

vëlla

kız kardeş

motër

vücut

trupi

alın
balli
göz
syri
omuz
shpatulla
parmak
gishti
yüz
fytyra
çene
mjekra
el
dora
bacak
këmba
göğüs
krahërori
kol
krahu

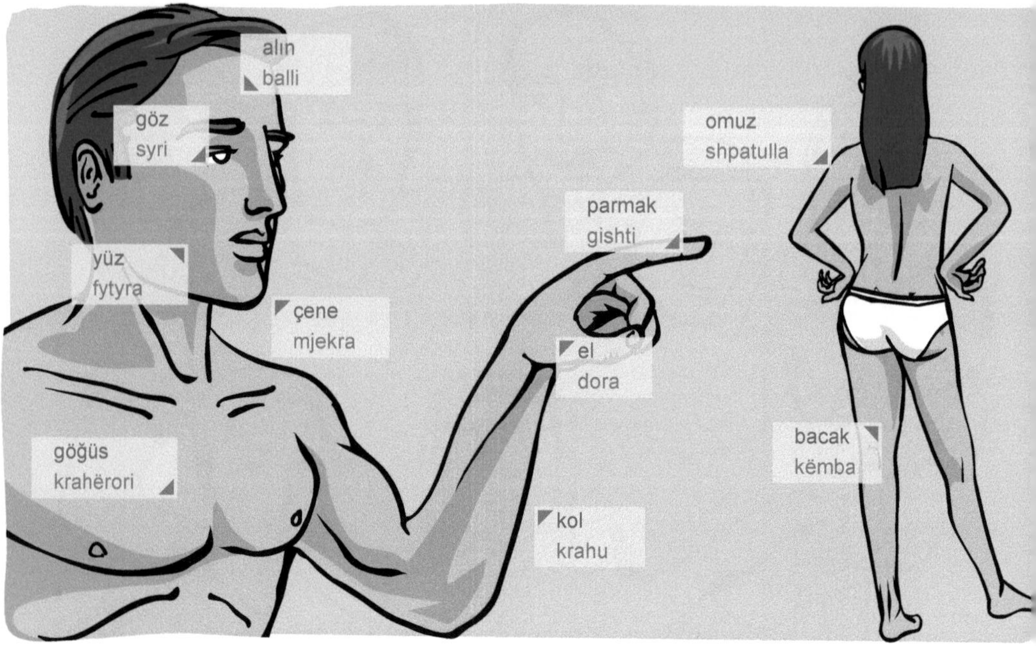

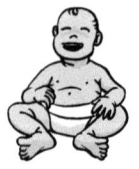

bebek

bebe

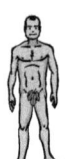

adam

burrë

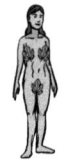

kadın

grua

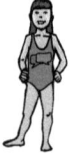

kız

vajzë

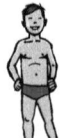

erkek çocuk

djalë

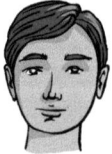

baş

koka

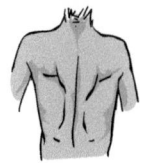

sırt

shpina

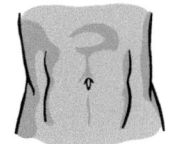

karın

barku

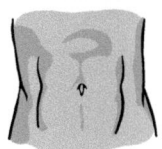

göbek

kërthiza

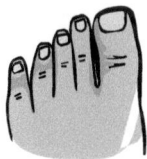

ayak parmağı

gisht këmbe

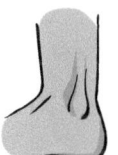

topuk

Thembra

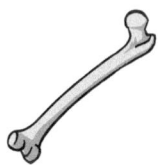

kemik

kockë

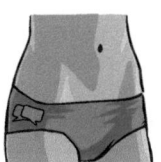

kalça

legeni

diz

gjuri

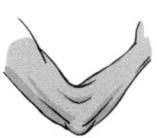

dirsek

bërryli

burun

hunda

kalça

vithe

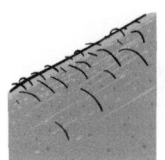

deri

lëkura

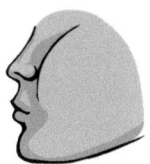

yanak

faqja

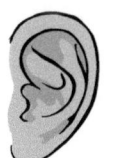

kulak

veshi

dudak

buza

ağız
goja

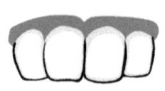

diş
dhëmbët

dil
gjuha

beyin
truri

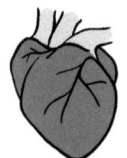

kalp
zemra

kas
muskul

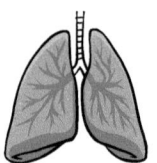

akciğer
mushkëria

karaciğer
mëlçia

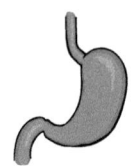

mide
stomaku

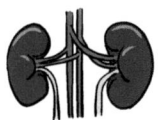

böbrekler
veshka

seks
seks

prezervatif
prezervativ

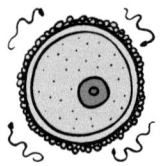

yumurtalık
veza

sperm
sperma

hamilelik
shtatëzani

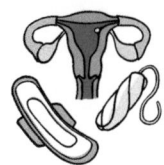

regl
menstruacione

vajina
vagina

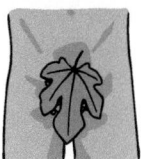

penis
penis

kaş
vetulla

saç
flokët

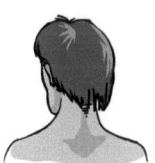

boyun
qafa

hastane
spital

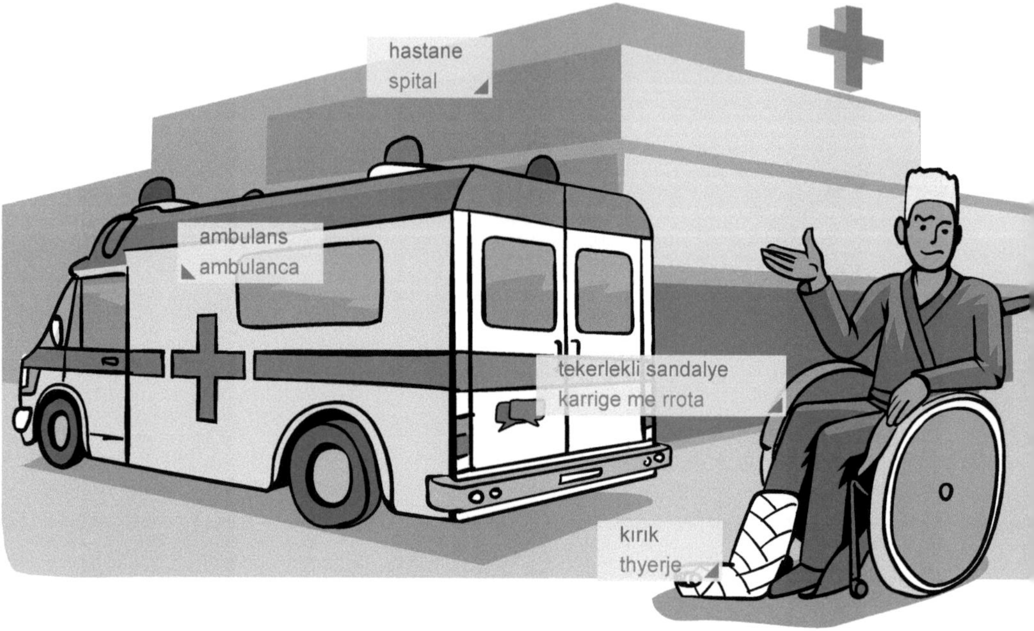

hastane
spital
ambulans
ambulanca
tekerlekli sandalye
karrige me rrota
kırık
thyerje

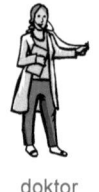

doktor

mjek

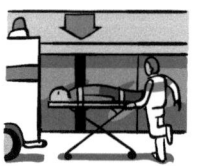

acil servis

sallë urgjencash

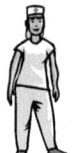

hemşire

infermiere

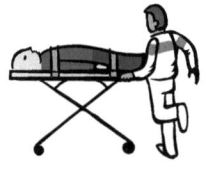

acil

emergjencë

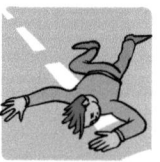

baygın

i pandërgjegjshëm

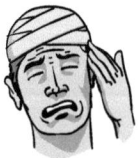

acı

dhimbje

yaralanma
dëmtim

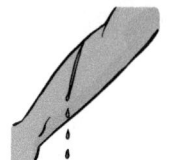
kanama
gjakosje

kalp krizi
infarkt

felç
goditje

alerji
alergji

öksürük
kolla

ateş
ethe

grip
grip

ishal
diarre

baş ağrısı
dhimbje koke

kanser
kancer

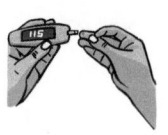
şeker hastalığı
diabet

cerrah
kirurg

neşter
bisturi

operasyon
operacion

bilgisayarlı tomografi

CT (skaner)

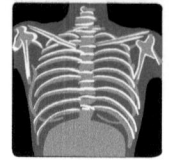

röntgen

radiografi

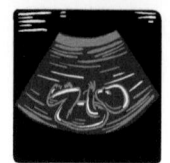

ultrason

ultratingull

yüz maskesi

maskë fytyre

hastalık

sëmundje

bekleme odası

dhomë pritjeje

koltuk değneği

paterica

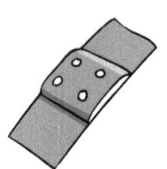

yara bandı

leukoplast

bandaj

fasho

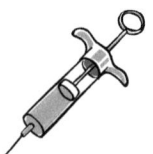

enjeksiyon

injeksion

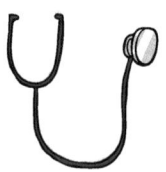

steteskop

stetoskop

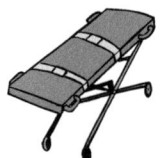

sedye

barelë

tıbbi termometre

termometër

doğum

lindje

fazla kilo

mbipeshë

işitme cihazı

aparat dëgjimi

dezenfektan

dezinfektant

enfeksiyon

infeksion

virüs

virus

HIV / AIDS

HIV / AIDS

ilaç

mjekësi, mjekim

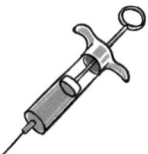

aşı

vaksinim

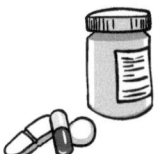

tablet

tableta

hap

pilulë

acil çağrı

telefonatë emergjence

tansiyon aleti

aparat tensioni

hasta / sağlıklı

i sëmurë / i shëndetshëm

İmdat!	alarm	darp
Ndihmë!	alarm	sulm

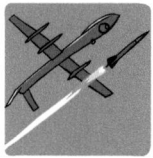		
saldırı	tehlike	acil çıkış
atak	rrezik	dalje emergjence

Yangın!	yangın tüpü	kaza
Zjarr!	fikëse zjarri	aksident

ilk yardım çantası	imdat	polis
kuti e ndimës së shpejtë	SOS	policia

Avrupa

Europa

Kuzey Amerika

Amerika e Veriut

Güney amerika

Amerika e Jugut

Afrika

Afrika

Asya

Azia

Avustralya

Australia

Atlantik

Atlantiku

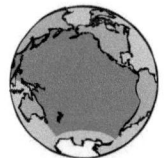

Pasifik

Paqësori

Hint Okyanusu

Oqeani Indian

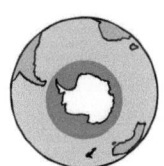

Antarktika Okyanusu

Oqeani Antarktik

Arktik Okyanusu

Oqeani Arktik

Kuzey Kutbu

Poli i veriut

Güney Kutbu

Poli i Jugut

Antarktika

Antarktida

dünya

toka

kara

tokë

deniz

det

ada

ishull

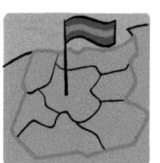

ulus

komb

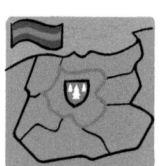

ülke

shtet

kadran

fusha e orës

akrep

akrepi i orës

yelkovan

akrepi i minutave

saniye ibresi

akrepi i sekondave

Saat kaç?

Sa është ora?

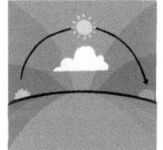

gün

ditë

zaman

kohë

şimdi

tani

dijital saat

orë dixhitale

dakika

minutë

saat

orë

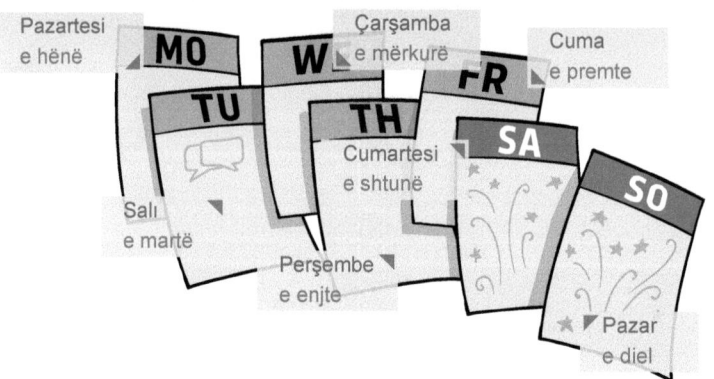

Pazartesi
e hënë

Çarşamba
e mërkurë

Cuma
e premte

Salı
e martë

Cumartesi
e shtunë

Perşembe
e enjte

Pazar
e diel

dün
············
dje

bugün
············
sot

yarın
············
nesër

sabah
············
mëngjes

öğle
············
mesditë

akşam
············
mbrëmje

MO	TU	WE	TH	FR	SA	SU
1	2	3	4	5	6	7
8	9	10	11	12	13	14
15	16	17	18	19	20	21
22	23	24	25	26	27	28
29	30	31	1	2	3	4

iş günleri
············
ditë pune

MO	TU	WE	TH	FR	SA	SU
1	2	3	4	5	6	7
8	9	10	11	12	13	14
15	16	17	18	19	20	21
22	23	24	25	26	27	28
29	30	31	1	2	3	4

hafta sonu
············
fundjavë

yıl

vit

yağmur
shi
gökkuşağı
ylber
rüzgar
erë
kara
borë
bahar
pranverë
yaz
verë
sonbahar
vjeshtë
kış
dimër

4.APRIL 11°
5.APRIL 4°
6.APRIL 13°
7.APRIL 8°
8.APRIL 10°

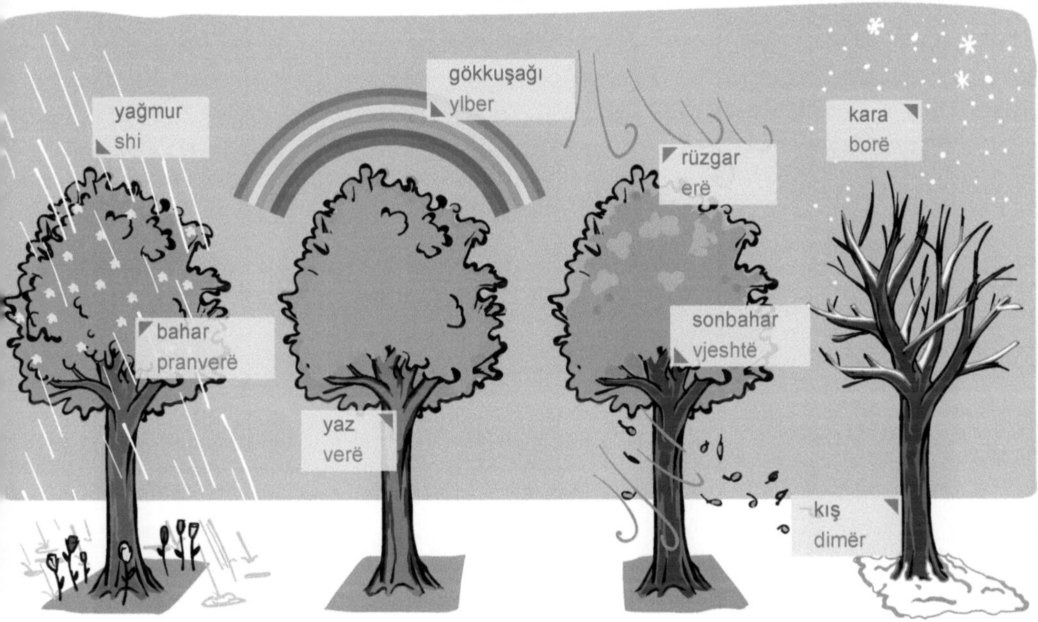

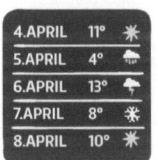

hava durumu tahmini

parashikimi i motit

F
C
120
90
60
30
0
-30
40
30
20
10
0
-10
-20

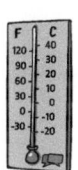

termometre

termometër

güneş ışığı

ndriçim dielli

bulut

re

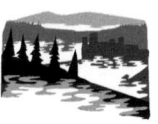

sis

mjegull

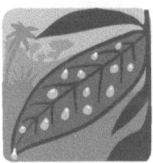

nem

lagështi

şimşek

vetëtima

gök gürültüsü

gjëmim

fırtına

stuhi

dolu

breshër

muson

muson

sel

përmbytje

buz

akull

Ocak

janar

Şubat

shkurt

Mart

mars

Nisan

prill

Mayıs

maj

Haziran

qershor

Temmuz

korrik

Ağustos

gusht

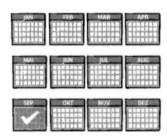

Eylül
·················
shtator

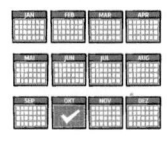

Ekim
·················
tetor

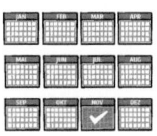

Kasım
·················
nëntor

Aralık
·················
dhjetor

şekiller
forma

daire
·················
rreth

kare
·················
katror

dikdörtgen
·················
drejtkëndësh

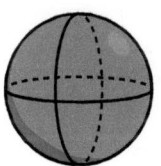

üçgen
·················
trekëndësh

küre
·················
sferë

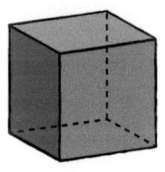

küp
·················
kub

beyaz

e bardhë

sarı

e verdhë

turuncu

portokalli

pembe

rozë

kırmızı

e kuqe

mor

vjollcë

mavi

blu

yeşil

e gjelbër

kahverengi

kafe

gri

gri

siyah

e zezë

çok / az

shumë / pak

kızgın / sakin

i nevrikosur / i qetë

güzel / çirkin

i bukur / i shëmtuar

başlangıç / son

fillim / fund

büyük / küçük

i madh / i vogël

parlak / karanlık

i ndritshëm / i errët

erkek kardeş / kız kardeş

vëlla / motër

temiz / kirli

e pastër / e pistë

tamam / eksik

e plotë / jo e plotë

gün / gece

ditë / natë

ölü / canlı

gjallë / vdekur

geniş / dar

i gjerë / i ngushtë

yenilebilir / yenilemez

i ngrënshëm / i pangrënshëm

kötü / iyi

i keq / i këndshëm

heyecanlı / sıkılmış

i lumtur / i mërzitur

şişman / zayıf

i shëndoshë / i dobët

ilk / son

e para / e fundit

dost / düşman

mik / armik

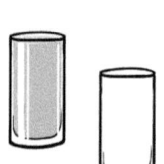

dolu / boş

plot / bosh

sert / yumuşak

e fortë / e butë

ağır / hafif

e rëndë / e lehtë

açlık / susuzluk

uri / etje

hasta / sağlıklı

i sëmurë / i shëndetshëm

yasa dışı / yasal

e paligjshme / e ligjshme

zeki / aptal

i zgjuar / budalla

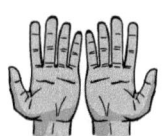

sol / sağ

majtas / djathtas

yakın / uzak

afër / larg

yeni / kullanılmış
e re / e përdorur

hiçbir şey / bir şey
asgjë / diçka

yaşlı / genç
i moshuar / i ri

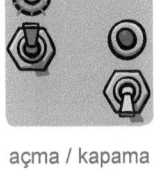

açma / kapama
ndezur / fikur

açık / kapalı
hapur / mbyllur

sessiz / gürültülü
i qetë / i zhurmshëm

zengin / fakir
i pasur / i varfër

doğru / yanlış
e drejtë / e gabuar

pürüzlü / düz
i ashpër / i butë

üzgün / mutlu
i mërzitur / i lumtur

kısa / uzun
i shkurtër / i gjatë

yavaş / hızlı
ngadalë / shpejt

ıslak / kuru
i lagësht / i thatë

sıcak / serin
ngrohtë / freskët

savaş / barış
luftë / paqe

zıt anlamlılar - të kundërta

sayılar

numra

0

sıfır

zero

1

bir

një

2

iki

dy

3

üç

tre

4

dört

katër

5

beş

pesë

6

altı

gjashtë

7

yedi

shtatë

8

sekiz

tetë

9

dokuz

nentë

10

on

dhjetë

11

on bir

njëmbëdhjetë

12

on iki
dymbëdhjetë

13

on üç
trembëdhjetë

14

on dört
katërmbëdhjetë

15

on beş
pesëmbëdhjetë

16

on altı
gjashtëmbëdhjetë

17

on yedi
shtatëmbëdhjetë

18

on sekiz
tetëmbëdhjetë

19

on dokuz
nentëmbëdhjetë

20

yirmi
njëzetë

100

yüz
qind

1.000

bin
mijë

1.000.000

milyon
milion

İngilizce

anglisht

Amerikan İngilizcesi

anglishte amerikane

Çince (Mandarin)

kinezisht mandarin

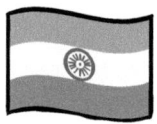

Hintçe

hindi

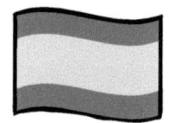

İspanyolca

spanjisht

Fransızca

frëngjisht

Arapça

arabisht

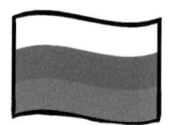

Rusça

rusisht

Portekizce

portugalisht

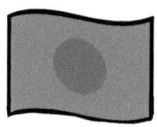

Bengalce

bengalisht

Almanca

gjermanisht

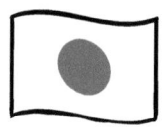

Japonca

japonisht

ben
unë

sen
ti

o
ai / ajo

biz
ne

siz
ju

onlar
ata

kim?
kush?

ne?
çfarë?

nasıl?
si?

nerede?
ku?

ne zaman?
kur?

isim
emër

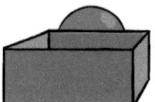

arkasında

pas

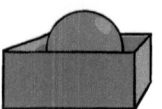

içinde

në

önünde

përballë

üzerinde

sipër

üstünde

mbi

altında

poshtë

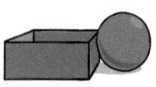

yanında

pranë

arasında

midis

yer

vend